Albin August Helmut Möller

Die Sklavin

Ein orientalisches Drama in zwei Akten
(vier Bildern)

ISBN 978-3-8370-9187-8
© Will Möller 2009
Coverbild: © Denise Hülpüsch
Covergestaltung © Roswitha Möller
Herstellung und Verlag: Books on Demand
GmbH, Norderstedt.

Personen

Abul-Feda: Der Kalif

Schachriar: Der Grossvesier

Bahmann:
Baumeister des Kalifen und dessen Freund

Ephar und Ali:
Eunuchen im Harem des Kalifen

Dinarsade und Piruza:
Dienerinnen im Harem des Kalifen

Saima: Eine Sklavin

Ben-Baba:
Hauptmann der Palastwache des Kalifen

1. Soldat und 2. Soldat:
Der Palastwache des Kalifen

Tänzerinnen, Eunuchen, Soldaten der Palastwache und Gefolge des Kalifen.

Erster Akt.

Erstes Bild.

Die Scene stellt ein Vorgemach zum Harem des Kalifen dar. Die Frauengemächer werden vom Zuschauer aus links und links hinten angenommen. Das Gemach ist prunkvoll, aber dennoch ruhig zu gestalten. Links hinten steht ein Divan, hinter dem Divan ein Fenster. Es ist Abend, Sonnenuntergang. Die Stunde des Gebetes. Der Kalif, wenige Schritte vor seinem Gefolge, Schachriar, Ephar, Ali, Saima, Dinarsade und Piruza, liegt mit diesen in stummem Gebet am Boden. Wenn der Vorhang sich geöffnet bleiben alle, bis die Sonne versunken ist, am Boden liegen. Hinter der Scene hört man den Ruf zum Gebet. Der Kalif erhebt, allein seine Hände zum Himmel und senkt sie bei den folgenden Worten wieder langsam zur Erde.

1. Scene.

Kalif: (spricht gedämpft)
Allaho --- Albar ----- Allah ist groß!

Gefolge:
Allaho --- Albar ----- Allah ist groß!

Kalif:
Allah habe Dank für diesen Tag!

Gefolge: (murmelnd)
Allah habe Dank für diesen Tag!

Kalif:
Allah habe Dank für Speise und Trank!

Gefolge: (murmelnd)
 Allah habe Dank für Speise und Trank!

Kalif:
Allah beschirme uns in dieser Nacht!

Gefolge: (murmelnd)
Allah beschirme uns in dieser Nacht!

Kalif:
Allaho --- Albar ----- Allah ist groß!

Gefolge: (murmelnd)

Allaho --- Albar ----- Allah ist groß!

(Bei jedem dieser Sätze werden die Hände zum Himmel erhoben und gesenkt. Danach bleiben alle wieder am Boden liegen wie zuvor. Schnelle Dämmerung. Der Kalif erhebt sich, wendet sich um, erhebt nochmals beide Arme zum Himmel und senkt dann die Arme ganz, und jetzt erst erhebt sich das Gefolge, welches nach und nach schweigend abgeht. Saima bleibt in Gedanken versunken stehen. Schachriar, der aus dem Gefolge des Kalifen getreten ist, geht mit diesem langsam ab. Saima steht noch immer wie vorher, wenn sie ganz allein auf der Bühne ist hört man sie tief seufzen.)

Saima:
Rauschet ihr Wipfel
in leichtem Wehen-----
Rauschet es der Sonne nach,
die meine Heimat grüßt,
dass ewig ich
der Trennung Schmerzen leide. -----
Sag allen dort,
dass mit dem ersten Sonnenstrahl
mein tränentrübes Auge
in den Morgen dränge ….
das Land der Väter
in der Ferne suchend!
Weh mir,
das fern ich von den Lieben

hier einsam leben muss.
Es raubt der Gram
das nächste Glück mir,
das sich traumhaft naht. -----
Allabendlich,
wenn sich der Tag geneigt,
sah ich der Sonne nach,
bis sie entschwunden
und heft an ihre letzten Strahlen
des Herzens tiefstes Sehnen an,
das bange Seufzer dann begleiten. -------
Ihr Lieben! ……….
Zu euch trägt der Wind sie hin.
Wenn Ihr der Sonne
spätes Leuchten findet,
wenn es am Abend
leise um Euch weht, ------
dann grüss ich Euch………
Ihr Lieben!…..
Harre Eurer
mit kummervollem
schmerzzerrissenem Herzen.

In diesem einsamen Leben,
das ich führe,
zähl ich die endlos bangen Tage,
die schleichend kommen und vergehen.
Und in die weite Ferne,
die das Auge sieht,

eilt all mein Sehnen,
all mein Hoffen,
und sucht den Arm,
der Rettung mir verheisst.

———————————————————

Jetzt komme wieder
sanfte Nacht,
umkleide mich
mit deinem tiefen Dunkel.
Du bist wie Balsam
meiner müden Seele --------
lasse mich ruhen,
bringe mir wieder
den Frieden längst vergangner Tage. ---

(Sie geht langsam zum Divan und legt sich
nieder. In diesem Moment kommen Dinarsade
und Piruza und sind Saima behilflich.)

2. Scene.

Dinarsade:
Hat die Lieblingsfrau
unseres Kalifen
noch einen Wunsch?

Samia:
Nein, meine Liebe.

Piruza:
Möchtest du noch
etwas Ananas?

Dinarsade:
Oder den Saft von der Orange?

Saima:
Nein, nein!
Lasst mich jetzt allein!

(Dinarsade und Piruza ab. Leise orientalische Musik setzt ein. Nach einiger Zeit hört die Musik wieder auf. Die Wache, zwei Soldaten mit Schwert und Speer bewaffnet, tritt auf. Die beiden Soldaten gehen auf und ab. Nach kurzer Pause.)

3. Scene.

1. Soldat:
Müde bin ich, wie ein…………

2. Soldat: (halb schlafend ihn unterbrechend)
 Ich auch.

1. Soldat: (sieht ihn an)
 Was?

2. Soldat: (wie vorher)
Ja!

1. Soldat:
Froh bin ich
wenn die Nacht um ist!

2. Soldat: (wie vorher)
Ich auch!

1. Soldat: (ärgerlich)
 Was?

2. Soldat: (wie zuvor)
Ja! Ich auch! (Er gähnt)

1. Soldat:
Red ich richtig.
Nicht immer dasselbe -----

Ja!---Ich auch!-----
Ich glaube, du schläfst
gar noch im Stehen.------

2. Soldat: (wie zuvor)
Ja! Ich auch!

1. Soldat:
Du Schläfer, wach auf!

2. Soldat: (wie zuvor)
Was?

1. Soldat: (ärgerlich)
Aufwachen sollst du!

2. Soldat: (wie zuvor)
 Ja! Ich auch!

1. Soldat: (noch ärgerlicher)
Treib mich nicht zur Raserei!

2. Soldat: (wie vorher)
Was?....Ja, ich auch!

1. Soldat: (stösst ihn mit dem Speer)

2. Soldat: (taumelnd, wütend auffahrend, den
Speer zum Schlag erhebend)
O, würdest du….

(Die beiden Soldaten schreien sich gegenseitig an. Ben-Baba ist inzwischen aufgetreten und sieht eine Weile schweigend zu, um sie dann in ihrer Auseinandersetzung zu stören.)

4. Scene.

Ben-Baba:
Was schreit ihr hier,
was geht hier vor?

1. Soldat:
Verzeiht, o Hauptmann!
Wir………..

Ben-Baba:
Geht euren Weg!
Schweigt und wacht! -----(ab)

(Die Wache geht schweigend weiter auf und
ab. Nach kurzer Pause)

1. Soldat:
Siehst du, das hast du nun davon….

2. Soldat:
Was?

1. Soldat:
Dass wir jetzt aufgefallen sind.

2. Soldat:
Wieso?

1. Soldat:
Du weisst,
dass bei der Wache
vor Saimas Gemach
es streng
verboten ist zu sprechen.

2. Soldat:
Na und?

1. Soldat:
Wenn der Hauptmann
nun Meldung macht
bei dem Kalifen,
ihm den Vorfall
hier berichtet,
so ists um uns geschehen.

2. Soldat:
Er wird wohl nicht.
Wir beide sind
seine zuverlässigsten Soldaten.
Auch hat er doch
ein gutes Herz.

1. Soldat:
Das sagst du so!
Weisst du denn nicht,
dass der Kalif,
Saima streng bewachen lässt?

2. Soldat:
O nein, es ist mir
nicht bekannt.

1. Soldat:
Wohl darf Saima sich
bei Tage frei bewegen,
doch……still,
es kommt jemand!

5. Scene.

Schachriar: (ist während der letzten Worte
aufgetreten)
Was gibt es hier zu reden?

1. Soldat:
Verzeiht, o Herr!

Schachriar: (ihn unterbrechend)
Ihr habt zu wachen
nicht zu reden.
Ist irgendetwas
von Belang?

1. Soldat:
Nein! O Herr!

(Die Wache geht ab. Schachriar folgt kurz darauf. Der Kalif tritt ihm entgegen.)

6. Scene.

Kalif:
Hier find ich Euch.
Ihr seid noch wach?
Ich finde keinen Schlaf. ----
In diesen Nächten
bangt mir immer um Saima,
dass ihr kein Leid geschieht.

Schachriar:
Hoheit!..........
Ihr bangt um sie? ---
Mir auch.
Wenn ich die kummervollen
Augen sehe, glanzlos
und wund von vielen Tränen-----
zieht mir ein Schmerz
durch meine Brust.---…….
Das Kind,
es trauert um die Heimat.

Kalif: (Schachriar in die Augen blicken)
Sagt, ist ihr etwas geschehen?

Schachriar:
Nein nichts!
Noch lebt sie,-----
es geschah ihr nichts.-----

Doch seht Ihr nicht
wie sie verblüht. ------
Die Heimat ist für sie verloren! -----
Endlose Sehnsucht
quält das Herz. ------
Vor Schmerz und Weh
schloss sich ihr Mund,
ihn wird kein Lächeln mehr umspielen,
wenn Ihr ihn später
alle Tage seht.
Versteht mich recht-----
ich bitte Euch
gebt sie der Heimat wieder,
eh sie verwelkt
und stirbt in Euren Händen.
Der Schmerz um das Verlorene
ist zu groß,
dass nur im Tod
sie ihn vergessen kann. -----------

Kalif:
Ihr wisst,
dass ich in Liebe zu ihr glühe----------
Ihr seid mein Grossvesier,
ich schätze euren Rat,
doch heute, muss ich ihn verwerfen.
Er taugt mir nicht. ---------
Sie wird bei uns
vergessen lernen.
Wird wieder blühen und gedeihen
nach kurzer Zeit

durch meine Liebe.------------
Sie wird mir immer dankbar sein
für alles Schöne, was ich ihr erdacht
und all die vielen Tage,
die sie lächelnd lebt.
Sie sollen zeugen Euch
von unserm grossen Glück!----------
Jetzt ruhet gut,
heut, seid Ihr kein Berater.
Ihr sollt kein Mitleid haben,
wenn auch Tränen fliessen,
denn nur durch sie,
wird mir das höchste Glück! -------

(Er geht schnell ab)

Schachriar:
Ich wollte,
dass du andern Sinnes würdest. -------
Geblendet von so grosser Liebe,
siehst du nicht ihren Schmerz,
nicht ihre Leiden.
Lebst einzig nur dem Wahn,
von einem grossen Glück!-----------
O Kalif!-------------------

(ab)

7. Scene.

(Nach kurzer Pause tritt die Wache wieder auf.
Sie gehen einige Male schweigend hin und her)

1. Soldat:
Die Nacht will heut
kein Ende nehmen.

2. Soldat:
Ja! Froh bin ich
wenn es Tag wird!

1. Soldat:
Still, ich höre Schritte.

Ben-Baba: (Tritt auf, spricht zur Wache)
Befehl von unserem Herren,
dem Kalifen,
in dieser Nacht
besonders gut zu wachen,
denn, eine innere Stimme
lässt ihn schlimmes ahnen.

1. Soldat:
Jawohl, o Hauptmann!

(Ben-Baba ab. Die Wache geht wiederum einige Male hin und her, dann ab. Von gedämpfter orientalischer Musik begleitet, schweben Tänzerinnen durch den Raum und tanzen einen orientalischen Tanz; nach Beendigung des Tanzes setzen sie sich um die Liegestatt von Saima, dann schliesst sich der

Vorhang.)

Zweites Bild.

Die Scene wie im ersten Bild. Saima schläft auf dem Divan links hinten, so wie sie sich im ersten Bild niedergelegt hatte. Die Tänzerinnen sitzen um die Liegestatt von Saima wie zu Ende des ersten Bildes. Nach einiger Zeit setzt wieder Musik ein und die Tänzerinnen schweben durch den Raum. Nach einer Weile erscheint der Kalif. Bei dessen Erscheinen werfen sich alle Tänzerinnen zur Erde nieder. Sie entfernen sich auf ein Zeichen des Kalifen. Der Kalif geht, wenn die Bühne frei ist und die Musik verklungen, zu Saima, jedoch ohne sie zu wecken. Das zweite Bild spielt am nächsten Tage von Sonnenaufgang bis zum Mittag.

1. Scene.

Kalif:
Du, bist meine Sonne!
Meine Sonne du,
die mir den Himmel
am Morgen rötet!
Du, bist mein Eigen. ----------
Du, bist die Holde!
Die Holde Du!
Die all die endlosen,
endlosen Träume
mir in den launischen
Nächten beschert!
Du, bist die Lust,
die Glut meines sehnenden Herzens!---!---
Du, bist es
Du Süsse,
der meine Lieder erklingen!
Du, bist das Leben,
das Leben Du,
das in meinen unsterblichen
Träumen wohnt.
Du, bist mein Eigen!
Mädchen, lieblicher als die Morgenröte,
die über den Blumen des Gartens lagert. ---------
Ich liebe Dich! -----------
Meine süsse Taube,
wenn Du an meinem Herzen ruhest
bestärkt erneut mich alle Seligkeit!

Lebenslust und Lebensfreude
seid mir willkommen, hier,
in meiner jungen Liebe!

----------------------(Er setzt sich zu ihr)

Es hielten mich die Staatsgeschäfte,
die äusserst dringend und sehr eilig sind,
geraume Zeit von Dir entfernt.
Doch das Versprechen, das ich Dir gegeben,
ich wird es halten,- wie ich wieder frei,-
und, dann sollst Du erfahren lernen,
wie ich Dich in der Zeit geliebt,
da Du mir fern!
----------Wie ich mich nach Dir sehne
sollst Du bald empfinden,
denn alle Seligkeit,
die ich Dir jetzt versagen muss,
für Dich hab ich sie treu verwahrt!

------------(Er umarmt sie und will sie küssen)

2. Scene.

Schachriar: (kommt von rechts)
Hoheit! Beherrscher der Gläubigen!
Erlaubt ergebenst mir um eine
recht dringliche Audienz Euch jetzt zu bitten.
Der Beirat, Hoheit! Bracht soeben
ein neues unannehmbar Dokument
und ich muss deshalb Euch belästgen,
dass man ihn eiligst seines Auftrags
jetzt auf das baldigste entledgen kann. ----------

Kalif:
Schon wieder rufen mich die Staatsgeschäfte,
von Dir, Du meine süsse Taube, weg. -----
Wie hätte ich so gerne noch bei Dir
geträumt, geschwelgt,
in selgen Glückesstunden---….
Doch, ruft die unerbittlich, rücksichtslose
Pflicht.

Gedulde Dich, gar bald bin ich zurück!
Geh, meine süsse Seele. Geh,
versuche Dich im Garten zu zerstreun. ------
Und hold noch werden dann
die spätren Stunden,
so hold,-----------
dass Du sie nicht ertragen kannst!

(Der Kalif und Schachriar ab)

Saima: (nach kurzer Pause)
Wie ich sie hasse! Alle, wie sie sind!
Sogar ihn selbst, der stets von Liebe spricht!
Vernachlässigt werd ich,--------
für mich hast du, Kalif,
die Zeit sehr kurz gemessen.
In ewiglichem Bangen flieht
der Tag zur Nacht,
die Nacht zum Tage.

Und ich muss hier
abseits von allen Freuden
die Freiheit missen---------
Der Blüte gleich, die früh gebrochen,
einsam verwelken und verblühn.
O, wüsstest du Kalif
wie wenig ich dich liebe! --------
Wie ich dich täusche,---nur um Andrer Willen!

O, Bahmann du der Jugend Held
dem ich des Herzens wahre Liebe weihte
o, währest du jetzt bei mir.---------
Du, den ich lang herbeigesehnt,
erlöse mich von allen Qualen! --------
O, Bahmann! Du Zier des ewig Schönen.
---In meinem Herzen ist nur Platz für dich! -----
-----Für dich allein! -----O, du bist milde! ----
Aber du, Kalif, bist wie der Wind.
Auch du bist mild,---

doch grausam auch zugleich!

(Erhebt sich von ihrem Divan
und geht nach vorn)

Zwar bist du schön, viel schöner als die Sonne,
doch trägst du stets Gewitterwolken
um das Haupt.
Ja! Ja, du bist wie ewig wehender Wind---
Nein, nein! Nicht wie der Wind.---------
Dem Sturm gleichst du noch mehr! -----

Du nimmst mich ohne mich zu fragen!
Ich fühle dich und weiche deiner Kraft,
die mir den Mund verschliesst. ---
Ich weiss, dass du mich brechen kannst,
---und darfst, wenn du es willst. -----
Wohlan nur! Brich der Blüte pracht.
Ja! Du zerbrich, zertrete mich---….
eh du den Honigseim dem Kelch entnommen. --

Es ist so still! -----Im Garten draussen
die Blumen blühn. ---…….
Sie träumen still-------------
von frohen Sommertagen !
O! Wär ich, Blumen, still und froh wie ihr!

(Geht traurig links ab)

3. Scene.

(Ali und Ephar treten auf und ordnen die Liegestatt von Saima)

Ali:
Die reinste Blüte
unsres hohen Herren,
ist heute zeitig
schon erwacht.

Ephar:
Bei diesem schönen Sonnentag
kann ich es wohl verstehn.
Saimas Freude gilt
doch nur den Blumen.
Sonst ist sie
traurig, still und ernst.

Ali:
Ja, ja! Es ist ein Jammer,
dieses schöne Kind
verblüht noch voll und ganz!

Ephar:
Obwohl sie hier
doch nichts entbehrt,
ihr jeder Wunsch
erfüllet wird,

ist sie wie eine welke Blume
der das Wasser fehlt.

Ali:
Das Heimweh ist es
was sie quält.

Ephar:
Wir wollen nach ihr schaun;
komm lass uns gehn!

(beide ab)

4. Scene.

Schachriar: (kommt mit dem Kalifen
erregt von rechts vorn)
Hoheit! Die Vorschläge des Rates sind,
wie die eines unmündgen Knaben.
Der Erste wäre gleichbedeutend
mit einer grossen tiefen Not. --------
Der Zweite aber noch viel schlechter----

Kalif: (fällt Schachriar ins Wort)
Würd uns die Freiheit nehmen.
Ja, ja, so ists. ---Auch dürft Ihr nicht vergessen,
dass hierdurch Unzufriedenheit im Lande wär.
Was in den letzten Jahren uns
an Unersetzlichem verloren ging
schlug tiefe Wunden, die sobald nicht heilen!

Schachriar:
Die Dürre und das Ungemach,
das über uns hereingebrochen-----------
sie wühlen in dem Volke allzu sehr.
Sie sagen, dass Allah uns drob zürne…

Kalif: (Macht Gebärde des Schweigens)
Genug, halt ein!

(Gibt Schachriar eines von den Schriftstücken,
die er in der Hand hält)

Schachriar: (erschrocken)
Hoheit! Wir liefern das Getreide
die Vorräte des Volkes,
spielend aus!

Kalif: (gelassen)
Ja, und ich öffne meine eignen Schuppen
dem Volke meines Staates gern,
dass keiner Hunger bei mir leide.
Die Gläubiger sind es so zufrieden
und wir, wir opferten die Freiheit nicht!

(Geht hinten durch die Mitte ab)

Schachriar: (enttäuscht)
Ich hatte grosse Hoffnungen
auf die Entdeckung dieses Tags gesetzt.
Doch alle--……………(er horcht)
Hört ich hier nicht leise Tritte?
Als wenn sich jemand still
und schweigend naht?
Ich werde sehen, ja, vielleicht auch hören?

(versteckt sich hinter einem Vorhang)

5. Scene.

Bahmann: (kommt freudig erregt
von vorne rechts)
Ist niemand hier?
Wie find ich alles öde!
An einem Tag, der solche Freuden beut,
wie es der Heutige!
Es jubelt alles Volk!
In meinem Herzen
ist auch die Freude schnell zurückgekehrt. ------

O Abul, wohl hab ichs gewusst, dass Du
ein gutes Herz und wahrhaft edlen Sinn
besitzt und auch behältst.
Ich nenne ihn desgleichen.
Ein altes Bündnis,
das besiegelt mit dem Blut des Herzens
und der ewgen Freundschaft,
die immer auch in Not und Tod,
in aller Freud und aller Leiden
den einen auf den andern weisst!

Doch sieh,---------da kommt Saima!

6.Scene.

Saima: (kommt gesenkten Hauptes)
O! Bahmann! Könntest Du ins Herz mir sehen,
wie tief bekümmert alles drinnen ist?

Bahmann:
O, Saima! Königin der Frauen!
Du, schöner als der Blüten Schönste,
die den Garten schmückt!
Du trägst den Morgentau in Deinen Augen.
Und wie ein leichter Nebel, der im Herbst,
die Fluren deckt---zur Zeit der grossen Reife---
so ist verschleiert Deiner Augen Licht!
Wo heute alles lacht,
das ganze Volk sich freut!
Wie kannst Du da betrübt sein?
Du, des Kalifen Licht und Freude!

Wenn er sein Volk erfreut und glücklich ist,
wie solltest Du mit ihm nicht glücklich sein?

Saima: (leidenschaftlich)
O, niemals wird er mir das Herz
mit dem erfüllen können was mir fehlt
und wonach meine kranke Seele lechzt!
Nein, nie wird er es! ---Nie und nimmer!

Bahmann: (ruhig)
Und doch wird er es können!
Warte nur, bis, dass die Sonne
die fernen Hügel im Vergehen küsst!
Wenn purpurn sie vergoldet Allahs Höhen,----
dann wird er Dir bald Freude tragen
in Dein so sehr bekümmert Herz.

Saima: (trotzig)
Mag er vollbringen, was in seiner Kraft. ----
Doch, da er nicht den Schein,
das Licht der Sonne
zu fesseln weiss, dass fern uns bleibt die Nacht,
so wird niemals all seine Liebe
mein krankes Herz gesunden lassen
und auch nicht zu verdrängen wissen,
was sonst noch in der Brust mir lebt!

Bahmann:
Warum bereitest Du Dir solche Schmerzen?
Er liebt Dich doch und er…………

Saima:
Mag er es wohl,
doch wird ich niemals finden
all seine Liebe, die grosse Liebe,
weil ich sie nicht will!

Bahmann:
Halt ein!
Du bist doch nur ein Weib!

Warum,
sollst Du nicht seine Liebe finden?
Die doch so groß
wie nichts Dir scheinen muss?

Saima: (in ihrer Leidenschaft immer
mehr gesteigert)
Weil ich ihn hasse!
Ja,
in seiner Grösse
mit seiner ganzen Liebe
hass ich ihn!
Weil ich des Herzens tiefe Glut
mit seiner Liebe,
die sich drin erzeugt
auf einen andern übertragen hab!

_____

Ich liebe einen Andern,--------------
lass michs Dir gestehen, Bahmann----
ich liebe – D I C H --------------------
mit meinem ganzen Blut!

Bahmann: (bestürzt)
Bei Allah!
Was beginnst Du?
Was enthüllst Du mir?

Saima: (wie zuvor)
Dass ich – Dich – liebe
so wie keinen mehr!

(Sie schmiegt sich an Bahmann)

Bahmann: (wendet sich ab)
Heb dich hinweg!
Wohl weisst Du es,
dass ich Dich nicht begehren darf
noch die Hand zum Leben reichen kann.
Wohl weisst Du es,
dass ich gebunden bin!
Durch einen Schwur,
den ich im Herzen trage!

Und dennoch wagst Du es zu sagen,
dass ich die Hand Dir reichen soll?
Die Hand,
die einst ich feierlich erhoben,
um ein Gelöbnis, rein wie Morgentau
und rein und klar,
so wie das Licht der Sonne
zu vollbringen.
Die Hand,
wie kann sie den betrügen
dem immer Treue sie gewahrt,
wie kann sie den betrügen?
Betrügen um das Heiligste
was für ihn ist!
Für mich ist heilig
was ich ihm gelobt.
Nein, alles kannst Du Dir verlangen,

nur nicht Betrug an meinem Freunde!
Was ich versprochen
werde ich auch halten.

Saima: (umarmt Bahmann)
Lass das versprechen.
Flieh Du mit mir,
ich biete alles was ich habe!
Die jugendlichen Reize,
Dir gebe ich sie dar!
Flieh Du mit mir
ich weiss Dir mehr zu bieten,
als alle Freundschaft,
die er Dir versprach!

Bahmann: (der sich während der letzten Worte
von ihr losgerissen hat, in äusserster Erregung)
Heb Dich hinweg!
Und mache mich nicht rasend!
Du greifst bei meinem Heiligsten mich an!
Beim Heiligsten,
was ich im Herzen trage!

Vielleicht hätt ich Dich lieben können?
So aber,
wie Du bist,
hast Abscheu Du in mir erregt!
Du bist wie eine Frucht,
dort draussen in den Gärten,
die aussen glänzt und gleisst im Sonnenlicht.

Doch innen fault und modert sie
und ist nicht wert, das man
so schön sie auch erscheinen mag
mit seinen Füssen in dem Staub zertritt!
Doch, wisse Du, dass es bei mir,
in meinem Herzen noch heiligeres gibt
als eitel schnelle Liebe wie Du hoffest!
Doch über dieser Liebe, wenn sie war,
steht unserer Freundschaftsbund
und dessen Liebe!

Schachriar: (bleibt vor seinem Versteck stehen)
Schweig nun Du!
Trägst Du denn kein Erbarmen in der Seele?

Bahmann: (sehr ruhig)
Nicht wüsste ich,
weshalb,
kann von Erbarmen hier die Rede sein?
Da Saima-trotz aller Zweifel-
die Erste doch im Herzen des Kalifen !

(geht scheinbar ab, bleibt aber links hinten in
der Türe stehen und hört dem folgenden zu)

Saima: (hat sich während der letzten Worte
Bahmanns trotzig umgewandt)

Schachriar:
Ich hörte alles, hörte Eure Worte;
fürchte Dich nicht vor mir!

Saima, Dir biete ich den Arm!
Und sage was ich lange schon gefühlt,
dass ich – D i c h – liebe!
Fliehe Du mit mir,
ich lass den Hofstaat,
alles--------------------------
lasse den Kalifen.
Lasse mein Hab und Gut. ----------
Ich lasse Rang und Stand,
ja, selbst
die Ehre,
lass ich für Dich! ---………….

Saima:
Da einer mich, mit heissem Sehnen,
des ganzen Herzens längstens schon begehrt. ---
----
der Andre aber, den ich liebte,
mich in den Staub tritt, und mich ganz entehrt!
-----------nur um des Einen Willen,
den ich hasse!
So sei Dir,
der Du Liebe mir gestanden,
den Anderen zum Trotz,
mein Hand und Herz gereicht. ------------
Du fliehst mit mir,
Du bringst mich in ein ander Land?
Wo wir zu Zweien glücklich werden können?
Mit Dir, da reis ich gegen Sonnenuntergang
so weit es ist, mir ist es einerlei!

Selbst wenn sich Allahs Höhen schon
mit düstren Wolkensäumen kleiden,
so wird, so lange unser Haupt noch frei,
sich auch die Flucht erzwingen lassen.

(beide links vorne ab)

Bahmann: (kommt von hinten hervor
bis zur Pforte durch die Schachriar und
Saima abgegangen sind)
Doch Eure Häupter, die sind schon umwölkt!
Und zwar sind schwarze Wolken es und Sturm.

Bald auch wird Allahs Zorn
den Funkenstrahl, der sprühend
alles sengt und brennt
auf Eure Häupter niederlenken. --------
Doch nun zum Freund, zu dem Kalifen.
Ich muss es ihm verkünden!

(Bahmann ab)

7.Scene.

(Dinarsade und Piruza treten beide, von ver-
schiedenen Seiten kommend, auf)

Piruza:
Dinarsade, hast Du
unsres Herren süsse Taube,
unsere Saima gesehen?

Dinarsade:
Nein, schon seit
dem frühen Morgen nicht.

Piruza:
Soeben komm ich
von Saimas Gemach,
es ist verlassen.
Alle Truhen aufgebrochen
und alles wild im Durcheinander.

Dinarsade:
Lass uns keine Zeit verlieren.
Wir müssen die beiden Eunuchen,
Ali und Ephar,
davon in Kenntnis setzen.

(beide ab)

V O R H A N G
Ende des ersten Aktes.

Zweiter Akt.

Drittes Bild.

Das dritte Bild spielt im Garten der Frauengemächer. Vom Zuschauer aus gesehen führt
rechts eine Pforte in den Hof des Palastes. An
der linken hinteren Seite befindet sich eine Tür,
die zu den Frauengemächern führt. In der Mitte
der Bühne ist eine Steinbank. Das dritte Bild
spielt im Anschluss an das zweite Bild, also von
Mittag bis zum frühen Nachmittag.

1. Scene.

Kalif: (sitzt auf der Steinbank, nachdenklich
und in Gedanken versunken; nach einiger Zeit)
An einem Tag,
wie es der Heutige,
ist in meinem Herzen
eine grosse Freude.
Durch die Verträge,
die ich heut unterschrieben,
ist meinem Volk
die Freiheit nicht geraubt.
Im Gegenteil!
Die Freiheit
konnten sie behalten
und alle wirtschaftliche Not
ist nun gebannt.
Jedoch, bis zur Erfüllung
der Verträge,
muss meine eigene
Scheunen ich
jetzt öffnen,
damit auch in der Zwischenzeit
keiner Hunger bei mir leide.
Der Beirat ist es so zufrieden,
und auch mein Volk,
es opferte die Freiheit nicht!

Doch alle grosse Freude,

die hierdurch
in mich eingekehrt,
wird arg getrübt
durch dunkle Wolken,
die schon seit letzter Nacht,
mein ganzes Innere verfinstern.
Mir bangt seit eingen Stunden,
ständig um Saima.
Es lässt mich das Gefühl nicht los,
dass ich sie bald nicht mehr
mein Eigen nennen darf!

O, Bahmann! Freund!
Wärest Du jetzt bei mir!
Dir kann ich jederzeit
meine grossen Sorgen beichten;
Du weisst mir immer
einen guten Rat!

2. Scene.

Bahmann: (tritt eiligen Schrittes auf)

Kalif:
Wohin, mein Freund!
So eilig und erregt………..!
Wie gut, dass gerade jetzt
Dein Weg Dich zu mir führt.

Bahmann:
O, Abul! Komme, höre Du mich an.
Ein Vorfall ists von peinlichem Charakter!

Kalif:
Ist es so eilig?

Bahmann:
Nicht dringe ich vergebens so in Dich.
Es wird das Herz mir schwer,
doch,---------------muss ichs sagen.
Drum höre mich,---------
schon der Gedanke nur allein,
der mich so verwirrt, erregt!

Kalif:
Gut denn, ich folge Dir!
Hast du nicht Saima gesehen?
Die süsse Taube !
Ich musste sie verlassen,

da die Pflicht mich rief. -----------

Bahmann: (drängend)
Ich habe sie gesehen!
Später mehr.--------
Jetzt eile
komm, die Zeit,
sie drängt zu sehr.

(beide rechts ab)

3. Scene.

(Ali und Ephar sind schon während der letzten
Worte von links hinten aufgetreten, blieben
aber von den andern unbemerkt)

Ephar: (während Beide nach vorne gehen)
- Beim Barte des Propheten! –
Ali, ich sehe mehr und mehr
wie sich der Himmel trübt.
In unseren Mauern,
wird alles Licht der Freude bald verdrängt!
Wie eine Palme, der die Sonne fehlt,
dass es zur Reife geht mit ihrer Frucht,
so ist es hier im Hause unseres Herren!-

Ali:
- Allah ist groß! –
Und weise ist sein Sinn. -----------
Er weiss für jede Unbill eine Strafe,
denn keine Seele, wessen sie auch sei,
wird der gerechten Züchtigung entgehen.

Doch Bahmann selbst,
der sonst so fröhlich war
ihm sah die Trauer aus den Augen,
als er soeben zu dem Herren ging.
Fast schien er mir, wie eine Blume,
der rauer Sturm die Schönheit hat entrissen,

indem er kalt die junge Blüte brach!

Ephar:
Sein Aug war trübe, und auch groß die Eile
hat er, wie wir vernommen, ganz gewiss.
Wer weiss, was heute er verkündet?
Zum Lachen hatte er
nicht all zu grosse Lust gehabt.
Drum wird die Botschaft, die er bringt
gewiss auch eine Ernste sein.

_____

Ich werde gehen.
Bleib Du hier und warte,
auf unsern Herren.
Und sage ihm, das Saima
hat ihr Gemach verlassen.
Bald bin ich wieder hier. -------------

Ali:
Gut, geh! Doch eile, dass Du kommst zurück!
Dem Herren werd ich sagen, dass wir fanden
--- die Truhen, die in Saimas Gemach ---
erbrochen, alles wild im Durcheinander----------

Ephar:
Dass wir gesucht in allen Frauengemächern
und sie nicht fanden, das verschweigst Du
nicht!
Ich gehe denn,----und eile wie der Wind! ---

Ali:
Allah sei mit Dir!
Kehre bald zurück! -----------------

(Ephar ab)

Gar seltsam ists, was ich für Schatten sehe. -----
Die mich umweben----unablässig jetzt!
Erst war es grau. ---dann wird es
immer dunkler,
bis, dass sie dann mir schwarz
vorm Aug erscheinen!
Bei Allah, nein, und beim Propheten-----
das heisst nichts gutes------------
wie sichs um mich drängt…………
und immer näher kommt es, immer näher----

4. Scene.

(Saima und Schachriar kommen von links mit grösseren Bündeln bepackt, die in grossen Tüchern eingeschlagen sind)

Ali: (der dieselben bemerkt hat, dreht sich nach ihnen um. Für sich)
Doch wer naht da,
Saima ists und Schachriar!
------------ Mir dächt, es sie haben Gutes
nicht im Sinn!

Schachriar: (für sich)
Schon dachte ich, der Weg sei frei,
muss der ihn hier jetzt noch versperren.
(zu Ali)
Sag an! Was willst Du hier?

Ali:
Allah ist groß, und seinen Segen über Dich!
– O, Herr,
ich warte hier auf unsren Herren,
des Tages Sonne,
den Sternen der Zeiten,
den Führer des Kommenden,
den Herrscher der Welten,
den Schein der Ewigen,
den Beschützer der Rechten,

Edlen und Guten, den Richter über
unser Sein und Werden,
den Gebieter unsres Volkes,
den Kalifen !

Schachriar:
Warum wartest Du denn hier?

Ali:
Da, dies die letzte Pforte ist,
durch die man aus den täglichen Gemächern
der Frauen, in die andere Welt gelangt.
Und da wir auch die Frau,
die in dem Herzen unsres Herren wohnet,
- Allah lange noch beschützen möge,-
vermissten, eilte ich hierher,
auf dass ihr Fuss
nicht weiter sich bewege,
als uns die Grenzen hier geboten sind.
Denn, jeder Fehltritt kostet unser Leben! --------

Schachriar:
Gib mir den Weg frei!

Ali:
Für Dich, o Herr,
ist stets der Weg erlaubt!
Und Frieden sei mit Dir,
wohin Du auch magst gehen. ------------

Schachriar:
Gib mir den Weg frei!
Mir und dieser Frau!

Ali:
Niemals, o Herr,
niemals bei meiner armen Seele!---…

Schachriar:
Ich muss!
Und koste es Dein Leben!

(Dringt mit gezücktem Messer auf Ali ein)

Ali: (springt jedoch zur Seite und zieht auch
sein Messer)
Die Frau geht nicht hindurch,
solange ich noch hauche,
solang ich noch nicht blass und fahl
wie es Melonen sind, bei grosser Fäulnis!

(Schachriar drängt Ali weiter zur Seite, Saima
will im gegebenen Augenblick durch die Tür,
Ali wirft sich ihr entgegen und hält sie mit dem
Messer zurück, kommt dadurch aber zwischen
Saima und Schachriar zu stehen. Schachriar
benützt die Situation und erdolcht Ali von hin-
ten, der sofort zusammenbricht. Saima und
Schachriar eilen zusammen zur Türe)

Schachriar:
Nun werde blass und fahl, Du
und verwese.
bis, dass der Geyer hagre Brut
das letzte Fleisch Dir vom Geripp gelöst!

(mit Saima rechts ab)

5. Scene.

Dinarsade: (kommt erregt von links hinten)
Wo ist die Herrin nur?
Des Herren süsse Herzenstaube!
Ich suche und ich suche------------

Ali: (der noch immer am Boden liegt stöhnt)
Ach!-------

Dinarsade: (erschrocken)
Was war das? ---------
Beim Barte des Propheten!--------
Ali! Ali! Was ist Dir geschehen?
Sprich doch, rede…! ------

Ali: (winkt ihr, dass sie näher kommen soll)
Saima und Schachriar---sind ent…flohen…-----

Schachriar……..hat mich---ge…töt…tet,--

(er stirbt)

Dinarsade: (hebt ein Klagegeschrei an)
O, Ali! O, Ali! O, Ali!

(geht nach hinten und ruft)

Piruza! Piruza!

(geht wieder nach vorn)

O, Ali! O, Ali! O, Ali!

Piruza: (tritt von hinten auf)
Was gibt es denn?
Was ist geschehen?

(sieht Ali tot liegen)

O, Ali! O, Ali!

(während der letzten Klagerufe sind noch
Frauen, Tänzerinnen, Eunuchen und Soldaten
herbeigeeilt. Sämtliche Frauen stimmen in das
Klagegeschrei mit ein, die Männer gruppieren
sich ernst dazwischen. Ephar hat sich gleich um
den toten Ali bemüht, will dann eilig vorn
rechts ab. In demselben Augenblick erscheint
der Kalif mit Bahmann)

Bahmann: (ruft laut)
Der Kalif kommt!
Macht Platz für den Kalifen!

(alles neigt sich ehrfurchtsvoll vor dem Kalifen)

Kalif:
Weshalb das Klagen?

(sieht Ali liegen)

Allah ist groß!
Was soll das bedeuten?

Ephar: (nach einer Weile zögernd und
gedämpft)
O, Herr!
Vor kurzem liess ich Ali hier zurück!
Da lebt er noch und blüte, wie die Blumen,
---Herr---in Deinem Garten.
Doch ging ich bald,
ich ging um Dich zu suchen
o, Herr!--------------
Und als ich eben kam,
da lag er hier schon bleich und welk,
wie eine Frucht,
die wilder Sturm vor Tagen schon
hat von dem Baum gejagt.

Dinarsade:
Ich kam, o Herr!
Da lag er sterbend da.
Piruza und ich wir suchten
Saima Deine Lebensblüte!
Als Ali mich dann kommen sah,
da winkt er mir,------------
dass ich---------
ihm näher sollte treten,
-------und mit dem letzten Hauch------
-------------der in ihm war-------------------
Sagte-----------er----------

(sie stockt)

Gnade! O, Herr! Der Dienerin!
Erlass es mir, was sterbend
er verriet!---------------------

Kalif:
Nein alles, alles will ich wissen!
Doch sei gewiss, wenn auch
Dein Wort mich reizt,
Strafe für Dich, sie sei mir fremd!-------

Dinarsade:
O Herr! Bei Allah und bei den Propheten!
Er sagte mir, wie ich es sage jetzt,
als schon die Stimme ihm gewichen war
und bald die grosse Nacht
sein Aug umfangen hatte,
-------dass Saima und Schachriar------------
------------entflohen sind!------------------------
Und Ali, der den Weg für Beide
nicht hat freigegeben,
von Schachriar-------erdolcht ward!-----

Kalif: (innerlich sehr erregt, äusserlich dennoch
ruhig, spricht sehr feierlich und gedämpft)

Hat sich doch das Unmögliche,

so grausam und so schnell erfüllt!

(zu Bahmann)

O, Bahmann!
Königlicher Freund!
Du, hattest nur zu wahr geredet!-----

(allgemeines längeres Schweigen)

Tragt mir den Toden weg-------------
und sorgt für ihn.---------------------
----------------doch Du, Ben-Baba!
Rück sofort mir aus
und bring mir Beide,
lebend oder tot,
sonst kostets Dein
und Deiner Leute Kopf!

(Ben-Baba und die 20 Soldaten eilig rechts ab.
Zwei Eunuchen nehmen Ali vom Boden auf
und gehen von den Frauen gefolgt links hinten
ab)

6. Scene:

Bahmann: (nach längerem Schweigen)
Nicht hält mich Reue fest bei Dir mein Freund!
Was ich getan, ich tat es, weil ich musste.
Denn, es gibt grosse Pflichten
zwischen uns!
………………Und doch treibt mich
ein nie gekanntes Sehnen
in Deine Nähe!----------…………………

Gedanken, die in trüben Stunden,
in mir erwachen aus entflohnen Tagen,
sie quälen mich---------------
und ich weiss nicht warum.--------------

Kalif:
Mein Freund!
Warum nur quälst Du Dich?

Bahmann:
Mir ist als müsste ich
Dir Beistand sein
in diesen Stunden,
um alles Leid gemeinsam
zu ertragen!
Ich weiss es, Abul,
ja, Du bist ein Mensch,
gerade so, wie ich es bin------------

ich hab in Dein Herz gesehen
und weiss, dass es vor herben
Schmerzen blutet.

Kalif:
O, Freund!
Du blickst zu tief!

Bahmann:
Dein glänzend Auge,
trüb von einem Hauch,
wie es bei flüchtgen Tränen nur erscheint,
es sagt mir das,
was mir Dein Mund verschweigt.---------
------Sieh hierin hab ich Dich erkannt;
und auch die Tiefe
Deines grossen Leides! !----------

Der stumme Schmerz sagt man,
er sei der Grösste.
Der Grösste der
des Menschen Herz erfüllen kann.
------------Drum bitte ich Dich,
erkenne Du mich recht,
wenn ich mich ehrfurchtsvoll
vor Deinem Schmerz jetzt beuge.-----------
Wenn mich die blasse Farbe
Deines Missgeschicks, wie Herbst erfüllt
in meiner ganzen Seele!-----------------

Kalif:
Wohl wusste ich,
dass Du mit mir fühlst!
doch, wusst ich nicht,
dass Du mein Leid
in seiner ganzen Grösse hast erschaut. -----------

Siehe selbst!---…………………..

Den noch gefüllten Lebensbecher halten
wir Beide in den jugendlichen Händen.
Wer weiss,
ob wir ihn kosten bis zur Neige?
Und wenn, dann ist noch mancher
Tropfen drinnen
der bitterer als Wermut ist.

Vielleicht ist trotzdem unser Lebensweg,
das kurze Sein auf dieser Erde,
von einigen Momenten
sonnigen Glücks erhellt!

Bahmann: (spricht in Gedanken versunken
nach)
----------von einigen Momenten
sonnigen Glücks erhellt!-------------
Die, lass uns halten,

dass sie nicht enteilen,
wenn sie uns Beiden
Dir und mir bestimmt!
O, lass uns sein
in diesen seligen Stunden
wie Menschen,
die, durch finstre Nacht gehetzt!

Die sich erkämpft den schwiergen Weg
der sie aus dieser
dunklen, kalten Nacht
den Höhen lichten Glücks
entgegenführt!

O, lass sie uns erkennen
in der ganzen Grösse,
die Stunden dieser stillen,
wahren Freuden,
die uns zu wenig nur beschieden sind!
Darum mein Freund,
ich nah mich Dir als solcher
mit allem,
was ich je für Dich gehegt
und was in meines Herzens tiefstem Grund
für Dich verborgen ist
und niemals schläft.

Lerne auch Du
mein tiefes ernstes Fühlen,
das ich Dir jetzt entgegen bring
erkennen!-----------------
Lass Du mich mit Dir gehen,
durch Dein grosses Leiden
zusammen, dass wir tragen,
was Dir und mir beschieden.

Das Schicksal hat uns nun einmal
mit solcher Tragik
in das Licht geführt!...............

Kalif: (bewegt)
O, Bahmann!
Deine Worte sind
mir Balsam in der schwerverletzten Seele.
Ich wusste wohl,
dass Du zu würdgen weisst
den Schmerz, der mir mein Herz erfüllt!-

Wie in dem späten Abend schnell die Nacht,
auf alle Hügel niedersinkt,
so hat die Trauer schnell und unerwartet
sich um mein Haupt gelagert und gesenkt.
Das sonst, von Licht und Luft umgeben war!

Doch, bringt man sie,
bringt man mir dieses Weib-----------
und diesen noch viel grössren Schurken,
mit etwas Leben noch in ihren Adern,
dann will ich weiden mich an diesem Spiel,
an diesem grausam Spiel, das ich bereite!

Bahmann:
O, Abul! Halte ein!
Wohl muss Dir ja gerechter Zorn,
nach den Ereignissen, wie sie sich gaben,
tief in der kranken Seele wurzeln.
Doch, denke,
dass sie nur ein Weib!

Sie ist so wie ein Schmetterling
der jetzt zu der,
später zu dieser,
zur Dritten--------
und zu weitern Blüten fliegt.

Um sich an jeder zu ergötzen,
bis ihn die grosse Nacht gefangen hält,

----

sie ist
doch nur ne Sklavin--------
die----------------------

Kalif: (streng)
Die ich erwarb,
und zu gehorchen war darob
auch ihre erste Pflicht!

Hab ich sie nicht bevorzugt,
gegen alle,
die noch in meinem Hause sind?
Hab ich sie nicht
mit vielem noch beschenkt
was andere bis jetzt nicht haben?
Hab ich sie
fühlen lassen in der Zeit,
dass sie nur meine Sklavin ist?
War ich ihr ein Tyrann in ihrem Leben?
Und hab ich sie nicht noch zuletzt
mit einer grossen Liebe stets verehrt?

Was alles könnt ich Dir noch sagen,
was ich getan.
Und doch bin ich getäuscht!--------…………

Doch diese Täuschung hat mich so gekränkt,

dass ich ein Marter für die Beiden
ersinnen werde,
wie ich keines aus meinem Hirn gebracht
noch bis zur Stund!..............
Dem Tod sei sie verfallen,
da sie mich betrogen,
da sie mit mir so grausam hat gespielt!
Und meine Liebe, die ich ihr geboten,
wie eitel Spreu in
leeres Nichts zersprengt!..................

Mit einem Lächeln werd ich sie begrüssen,
wenn wilder Schmerz ihr das Gesicht entstellt;
und weiden werd ich mich an ihren Qualen,
dass ich vergesse meines Herzens Not!—

(kurze Pause, dann gedämpft)

Die Seele soll mir heilen von den Wunden,
die mir dies unglückselge Weib geschlagen,
wenn ihre Glieder nicht mehr zu erkennen
und, wenn ihr Blut, wie Blumen im Garten,
zersprengt der alte Teppich saugt.

Wahrlich,
nicht leicht wirst du aus diesem Leben
in deine ewige Nacht hinübergleiten,
wenn du mir lebend in die Hände kommst!

Und dran gesunden soll mein krankes Herz
bis du dein Leben so hast ausgehaucht!-
Bringt mir sie lebend, o, dann soll sie fühlen
den ganzen Zorn, der in der Seele glüht!----

(Kalif links ab)

Bahmann:
O, brächten sie dich tot,
es wär für alle besser.

Gebeugt ist er und innerlich gebrochen,
der sonst an Widerstand der Palme glich!--------
So wusste auch kein Sturm ihn zu entwurzeln!--
Und wenn es tobte über seinem Haupt,
wenn dunkle Wolken ihm die Sonne nahmen,
so führte er, mit seinem starken Arm
behutsam alles neuem Licht entgegen.
Doch, die Enttäuschung, die durch dieses Weib,
das Allah strafen mag für ihr Vergehen,
jetzt in ihm wohnt, die brach das Herz ihm,
sie brachs ihm, dass er selig stürzte!---

V O R H A N G.

Viertes Bild.

(Das vierte Bild spielt in derselben Dekoration, wie das erste und zweite Bild. Bahmann steht in Gedanken versunken am Fenster. Ephar, Dinarsade, Piruza und die gesamte Dienerschaft kommen von hinten rechts langsam über die Bühne. Das vierte Bild spielt im Anschluss an das dritte Bild, also, vom Nachmittag bis zum Sonnenuntergang.)

1.Scene.

Ephar:
O, Bahmann!
Lange soll Dir Glück und Sonne leuchten!
Sag uns doch, wie unser Herr,
sich befindet,
nach allem was geschehen ist!
Ist er voll Zorn jetzt gegen uns?

Die Trauer, die in seiner Seele,
ist auch in unsere Herzen eingekehrt.
Wo früher nur Frieden wohnte.
Zufriedenheit und Glück und Liebe,
ist jetzt der Aufruhr und der Hass gekehrt.
O, Bahmann! Du der Freund des Herren,
geh Du, und melde dies von seinen Dienern!

Bahmann:
Ich werde sehen,
und das, was Du mir sagst, berichten,
Ihr seid doch hierin ein Gedanke
und dienet alle einem Herren?

Ephar:
O, Herr ! Die hier, die mitgekommen sind
erfüllt dieselbe grosse Trauer.

Ich sprach für alle,
nicht nur sprach ich für mich!

Bahmann:
Ich gehe nun,
Ihr wartet hier bis ich zurück
um zu verkünden eures Herren Wille.---

(zu Ephar)

Doch Du Ephar bei Deiner Seele,
verspreche mir, wenn man Saima bringt,
dass Du mich rufen wirst.
Dass man sie brachte,
verschweige dem Kalifen.
Ich will nicht, dass er seine Hände
an ihr befleckt
die seiner doch nicht wert.

Ephar:
O, Herr! Ich werde eilen,
die Botschaft Dir zu künden
wenn man sie bringt!

Bahmann:
Gut denn, bleibt und wartet.

(Bahmann links ab)

Ephar:
So ist aus diesem Haus,
aus Hof und Garten,
da sonst die Sonne
in alle Winkel hat gelacht
und jeder froh und guten Muts gewesen,
verschwunden alle Freuden, alles Lachen,-------
………………schnell verschwunden!

(Er bleibt stehen und sieht den Teppich auf
dem Boden längere Zeit an. Dinarsade unter-
bricht dieses Schweigen)

Dinarsade:
Was blickst den Teppich Du zu Deinen Füssen
so lange und so prüfend an?
Du sahst ihn doch schon gar zu oft?

Ephar: (ohne vom Teppich wegzublicken)
Ich sah ihn ja schon oft!-----------
Hab auch schon lange,
sehr lange darauf hingeblickt!
Und doch hab ich noch nie gesehen,
was heute hat mein Aug erschaut!-------
-------Kommt her, seht alle------------

(alle drängen sich im Halbkreis um Ephar)

Die Muster dieses Teppichs,
hier seht alle-------------------
mir dünkt, es sei ein Spiegel dieser Zeit!

Der Zeit die stündlich wir verleben!-----

Der Teppich, er ist schön,----
doch hässlich auch zugleich!...........
Er ist wie Licht und Leben, Sturm und Nacht!--

Gepaart ist alles hier, wie sichs im Leben gibt!--

Hier deckt die Schönheit dieser einen Stelle,
das Hässliche von vielen Andern zu.-------
Die man erschaut,
wenn prüfend man betrachtet
wie die Gebilde hier geschaffen sind!----
Ja, seht, so ist es auch im Leben!------------

Hier diese Ranken edel schön geformt
wie Lust und Liebe, Seligkeit und Glück.
Dort dies Gebilde fahl und matt,
erschreckend ist es, gähnend wie ein Schlund
der nur Verderben trägt in seiner Tiefe!------
Hier leuchtet es, die Schönheit ferner Sonnen,
dort jene Stelle, trüb ist sie und kalt,
und scheint uns, wie die Finsternis!-------

Ein Künstler war es, der den Teppich schuf------
----
er wirkte ein, ein ganzes Erdenschicksal!--------

Das Leben vieler Menschen liegt hierin!

Hier scheints wie Sonnenleben,
dort wie der Tod--------------------!
Dort wieder gleisst wie schwärmerische Lust
und weiter dort, sinds Qualen, Leid und Tod!
Grad wie die Zeit, die um uns ist!.............

(Es bleibt eine Weile ruhig, alles steht wie in
Gedanken versunken)

Dinarsade:
Du weisst das Muster
dieses Teppichs,
wirklich meisterhaft
zu deuten.

Ephar:
Der Künstler
der ihn schuf,
hat in seinem Leben
wahrlich
viele Höhen und Tiefen durchgemacht!

Dinarsade:
Es ist nicht leicht

ein ganzes Erdenschicksal
in einem Teppich zu vereinen.

Ephar:
Mein liebes Kind,
nur wahre Künstler können dies!

Dinarsade:
Auch hast Du recht, wenn Du die Deutung
auf unsre Zeit beziehst.
Fürwahr, er ist,
grad wie die Zeit, die um uns ist!

(grosser Tumult hinter der Scene. Kurz darauf
hört man Schritte)

Piruza:
Welch ein Tumult?------------

Dinarsade:
Wer kommt?

Piruza:
Ich höre Tritte!--------------

(Sie eilt zur Pforte rechts)

……….Sie nähern sich hierher.------------
----Ben-Baba ists und die Soldaten!...--

Dinarsade:
Haben sie Saima und Schachriar gefangen?

Piruza:
Ich kann es nicht sehen.
---------Sie tragen jemand
auf einer Bahre.

Ephar:
Gebt Ruhe doch;
Gleich werden wir es wissen!

2. Scene.

(Ben-Baba erscheint. Später die Soldaten. Die
Soldaten bringen Schachriar tot und legen ihn
vorn auf den Divan. Saima bleibt gesenkten
Hauptes tief verschleiert stehen.)

Ben-Baba:
Macht frei den Weg uns zum Kalifen!---
Wir haben sie erreicht unweit der Stadt!----

Ephar:
Sind sie am Leben oder sind sie tot?

Ben-Baba:
Saima bringen wir lebend zurück.
Schachriar setzte sich zur Wehr,
dann wollt er fliehen, als er unterlag.
Wir eilten nach und kurz darauf traf ihn
der unsern einer mit dem Speer
so tief in seine linke Seite,
dass er gleich tot vom Pferde sank,-----
doch nun lasst mich zu dem Kalifen!-----

Ephar:
Bleib hier und höre mich erst an!

Bahmann will Dich schon hier empfangen,
um unseren Herren vor Weiterem zu schützen.

Ich will ihn rufen, warte hier!---------

(links ab)

Ben-Baba: (zu Saima)
Nun mein Täubchen,
Du hattest einen kurzen Flug!-----------
Sag an, was trieb Dich in die Ferne?
Da Du doch hier in einem goldnen Käfig warst?

Weisst Du denn auch, Saima,
dass Du Dein Leben nun verwirkt?
und er Dich töten kann, wenn er es will!

Du stehst und schweigst?

Bahmann: (tritt mit Ephar zusammen auf)
Dir danke ich, Ephar, für Deine Treue!
Euch allen aber soll ich nun verkünden,
dass Ihr um Ali, den man hier getötet,
nun trauern sollt.
Das ist der Wille Eures Herren!
Doch geht nun alle, geht, ja geht!-------
Und Allahs Frieden sei mit Euch!........-----

(alle gehen ab, bis auf Saima, Ben-Baba und
die Soldaten)

Auch Du, Ben-Baba, geh mit Deinen Leuten!
Bewache mir die Pforten gut und habe acht!

(Ben-Baba und die Soldaten ab. Schachriar bleibt auf dem Divan liegen)

3. Scene.

Bahmann: (nach einer Pause)
Saima!-----------Nun?-------------

Du stehst und schweigst?

Hast Du die Grösse Deiner Schuld ermessen?
Hast Du erkannt, wie weit Du abgekommen
von Deiner Strasse, die Du wandeln solltest,
die nur von Sonnen hell beleuchtet
nicht dunkel war wie Nacht und Schatten?
Hast Du erkannt, wie weit Du abgekommen
von diesem Weg, der doch Dein ganzes Leben?
Durchs Leben aller Menschen führt ein Weg.
Für manche steil und schwer,
bei andern führt er wieder durch die Sonne!
Du hattest eine schöne Straße zu begehen
wo Dich der Schein von Glück
und Lust umwob!
Verlassen hast Du Deinen lichten Weg
Du bist der Nacht, dem Abgrund
zugewandert, der Dich verschlingt
nach Deinem letzten Schritt!
Dem Herrn, dem Du zu Eigen warst,
hast treulos Du verlassen,
verschmäht hast Du sein Haus.----------

Du bist entflohn und grausam auch,
hast Du sein Herz getäuscht!---------

Saima:
Du,-------------Herr!----------------
Du urteilst auch,---eh Du mich angehörst!-------

Bahmann:
Dich,----hören?-----------
Hört ich nicht genug, als Du mich angingst,
mit Dir zu entfliehen?-------------
Dich hören?-------------------

Nein! Nein! Saima!
Nein, Dich hört man nicht!--------------
Wahrlich,-------------------
wie gut wär es für alle,
wenn sie statt diesen hier

(zeigt auf Schachriar)

Dich hätten tot gebracht!.................

Dem Tod bist Du verfallen,
denke nicht,---dass er Dir leicht wird!---
-----leicht und wie ein Traum!-----
Du warst, wie eine Dirne ist,
die, wenn sie bei dem einem nicht erreicht,

was im Bereiche ihrer Lust,
sich schamlos einem Zweiten gibt.
Mit allem, was sie noch besitzt!-----------

Fluch und Verdammnis über Dich,---
Du Schlange!--------------
Du, hast aus diesem Haus das Glück verjagt!----

(Bahmann wendet sich von ihr ab. Saima eilt
zu Bahmann und wirft sich vor ihm auf die Erde)

Saima:
Erbarmen, o, Herr!---------
O, hab erbarmen!----

(Sie ergreift Bahmanns Hand. Bahmann ent-
zieht ihr jedoch wieder dieselbe)

Bahmann:
Heb Dich hinweg, Du bist dem Tod verfallen!--

Nur wenige Stunden nennst
Du noch Dein eigen.
Und grausam Marter warten
Dein für Deine Sünden!

Saima: (vor Bahmann auf den Knien)
Bin ich dem Tod geweiht,

bist Du ihm auch verfallen,
denn ich geh nicht allein!-----------

(Sie greift wieder Bahmanns Hand und ritzt
dieselbe mit dem Ring, den sie am Finger trägt)

Sieh Deine Hand hier und sieh diesen Ring!-----
Verletzt ist Deine Hand
von dieses Ringes Stein!
Der Stein jedoch, er trägt ein tödlich Gift,
das nun mit Deinem heißen Blut
durch Deine Adern rollt und tost!---------

(Saima stösst ein schrilles Lachen aus. Bahmann stiert auf seine Hand und stösst gleich-
falls einen heisseren Schrei aus. Der Kalif erscheint hinten links, ohne von den anderen bemerkt zu werden)

Und keine Stunde mehr wird's währen,
dann gehst Du ein zur langen, grossen Nacht!
denn dieses Gift ist gut,
es wirkt nur allzu bald!----------------------

Bahmann:
Saima, was hast Du getan?-------------------

Saima:
D i c h m e i n g e m a c h t,
für einen langen Weg!------------
Du hast im Leben mich verschmäht,

drum gehst Du jetzt mit mir zu Grunde!——

(Bahmann schwankt)

Sieh, das ist meine Rache!
Die------------…………….

Bahmann:
O, Du! Du--------------……………..

(Er schwankt und droht zu stürzen. Der Kalif
fängt ihn auf und bringt ihn bis zum Divan auf
welchem Schachriar liegt. Er gibt Schachriar,
der sehr weit vorn auf dem Divan liegt einen
leichten Stoss mit dem Fuss, das er zur Erde
niederfällt, dann lässt er Bahmann darauf nieder)

4. Scene.

Kalif:
O! Du abscheulich Weib!-------------------

(Saima ist beim Bemerken des Kalifen erschrocken und hat sich nach der Tür rechts ge-
flüchtet)

Bahmann:
O, Abul! Grosser treuer Freund!---------
Zu Ende------geht's mit meinem Leben!----
Dies Weib.......hat mich......vergiftet-------

(der Kalif will sich auf Saima stürzen, Bahmann hält ihn zurück)

Bleib bei mir!-------O, Allah!-----------
Du bist groß..........und----------
unerforschlich ist------der Weg,
den die Geschicke dieser Welt---begehen---!
O, -----------Abul!.........................

Kalif:
Bahmann, Du Bruder meiner Seele!--------
Er stirbt-------und dieses Weib lebt noch?-
Du Schlange! ....Du Abscheu
aller Kreaturen!------
Für Deine Fehler sollst du büssen!----------

Das Liebste hast Du zweimal mir geraubt!-------

…….und zweimal, hast Du
mich so tief verletzt.

(Der Kalif zieht einen Dolch und stürzt auf
Saima. Ben-Baba erscheint in der Tür rechts; in
allen andern Türen ein Soldat der Leibwache.
Saima sieht, dass die Ausgänge versperrt sind
und eilt zum Divan. Der Kalif ihr nach)

Mit Deinem Blut, sollst Du die Wunden heilen
die mich vergessen lassen,
was Du mir genommen!-----------………….

(Er will sie erdolchen, Bahmann hat sich
nochmals mühsam aufgerichtet, er streckt dem
Kalifen die Hand entgegen, als wolle er ihn zu-
rückhalten)

Bahmann:
Halt ein!---O, Abul!---Halte ein!-----
Bei meiner---armen,---müden---Seele!...
Befleck Dich nicht---Deine Hand an---ihr!-

(Er sinkt zurück und stirbt; der Kalif lässt die
Hand sinken. Er geht einige Schritte von Saima
weg)

Kalif:
Fürwahr, Du bist es nicht wert,

dass ich mich an Dir vergreife!---------
schafft sie mir aus den Augen!
Fort!------

(Die Soldaten treten näher)

Ben-Baba, sage Du den Leuten,
dass sie sofort dies Weib zur Marter schleifen!

(zu Saima)

Du sollst noch Qualen hier erleiden
wie niemand je zuvor gequälet ward!---
Und alle Marter, die ich je ersann
die wälz ich dann auf Dein teuflisch Haupt.---

Schachriar, mein Grossvesier ist tot,
darum ist schade;
er hätte Dich jetzt in den Tod begleiten können.

Denn, rächen werd ich dieses Opfer dort
wie niemand je zuvor gerächt ward!----

(Er wendet sich von ihr ab)

Geschleift, gerädert wirst Du werden,
bis, dass Du nicht mehr zu erkennen bist!----
Dein Blut wird tropfenweise sich
tief in den Boden dieser Erde senken…---
sobald Dein Leben langsam sich

aus Deinem Körper lösen wird!-------……..

Saima: (hat sich stolz aufgerichtet)
Ersinn Du Qualen mir wie Du willst!----
Hier dieser Ring,
er bringt mir den süssen Tod.-------………..
Und schneller eil ich
nach der Welt der Seelen!---…

(Sie ritzt sich mit dem Ringe ihren Arm)

Kalif:
Schleift sie von dannen!----------

(Ben-Baba und die Soldaten ergreifen Saima
und gehen ab)

Eilt euch!

Eh, dass ihr Leben ganz entflohen ist!---
Und quält sie, solange sie noch zuckt!-..

(Alle ab, bis auf den Kalifen, Bahmann liegt
auf dem Divan, Schachriar am Boden, der Kalif
geht langsam zum Divan, bleibt dort stehen und
bedeckt sich vom Schmerz überwältigt mit der
einen Hand die Augen)

5. Scene.

Kalif:
Nun gehen zweier Menschen Leben
ein zu der ewigen Nacht,
zum Reich der Seelen!-------…….....

Mein Herz ist angefüllt von tiefer Trauer,
denn Beide hab ich sehr geliebt!---…

(kleine Pause)

Und wie die Blumen in dem Garten
vergehen und verwelken über Nacht,
so ging in noch viel kürzrer Zeit
---von Sonnenaufgang bis zur Nacht---
So edles Menschenleben schnell dahin!-

(Er stösst den Turban vom Kopf)

O, Bahmann!
Du warst ein treucr Freund mir, als Du lebtest,
ein Bruder meiner jetzt so kranken Seele.
Für Deine Liebe, Deine Treue
gingst allzu früh Du in den Tod.

Ein Denkmal werd ich Deiner Liebe setzen
und Deiner Treue, die Du mir bewahrt!
Ein Denkmal, grösser als der Tempel
der einst von Dir erbaut,
und Allahs Macht geweiht!-------..........

(Er sinkt am Divan nieder und verbirgt seinen
Kopf in den Kissen des Divans, Ben-Baba
kommt, bleibt erst einen Augenblick stehen,
dann zögernd)

Ben-Baba:
O, Herr! Schon starb sie uns!------------

(Der Kalif erhebt den Kopf. Er ist völlig
wahnsinnig)

Kalif:
Wie, sie ist tot!------------
Bringt sie hierher,
ich will sie wieder haben!-------…………

(Der Kalif bricht in ein schallendes Gelächter
aus. Ben-Baba geht ab, erscheint aber sofort
wieder mit seinen Leuten. Vier Soldaten tragen
eine Bahre worauf Saima mit aufgelöstem Haa-
re und entblössten Schultern liegt, herein. Sie
stellen die Bahre unweit des Divans zur Erde
nieder)

6. Scene.

(Der Kalif klatscht einige Male in die Hände, worauf die Frauen, Tänzerinnen, Eunuchen und Soldaten erscheinen. Sie gruppieren sich im Halbkreis über die ganze Bühne. Der Kalif hat sich nach und nach aufgerichtet und erhoben)

Kalif:
Freut Euch alle!--------------
O, jubelt doch mit mir!-----------............
Seht doch, ich hab sie ja Beide wieder!-..

O, Bahmann!------Freund!.......--------
Steh auf!--….. Und komm!......---------

Saima!-------………. Du!...........-------------

Wir wollen in den Garten!-------------

Wie ist es hier so schön!------Ach!-----Lasst!----

Hier will ich bleiben!!!---…

(Bricht zusammen und bleibt am Boden liegen. Die Soldaten nehmen Saima und tragen sie fort, die Eunuchen Bahmann und Schachriar. Während dieser Handlung spielt Trauermusik)

7. Scene.

(Nachdem die Bühne frei ist, richtet sich der Kalif halb auf.)

Kalif:
Wo, seid ihr denn----?........

Seid ihr entflohen?-------..........

Saima, hast Du doch
den Freund mir fortgenommen! ---------------

Du abscheulich Weib!-----------

O, Bahmann!-----Komme doch zurück!......
Ich rufe Dir-------

Er hört es nicht!

Er kommt nicht mehr!.......----------

B a h m a n n ! ! !.......................

F r e u n d ! ! ! -------------------------! ! !

(Er sinkt um, und bleibt am Boden liegen. In diesem Moment setzt noch einmal leise Trauermusik ein.

Der Vorhang schliesst sich langsam.)

-----------E N D E----------

Zum Autor

Helmut Möller, am 10. Februar 1921 in Darmstadt geboren, wurde gegen den Willen seines Vaters Schauspieler. Engagements auf vielen Deutschen Bühnen zeichneten seinen Weg bis 1953 aus, bevor er dann der Bühne entsagte, um seine Familie besser ernähren zu können.
Sein Herz blieb, bis zu seinem frühen Tode 1987 durch die tückische Krankheit

„Multiple Sklerose"

bei der Schauspielerei. 1960 schrieb er dieses Drama, was er gerne noch als Schachriar hätte spielen wollen. Aus dem Nachlass entstand 2009 eine Abschrift. Die Erlöse aus dem Verkauf dieses Buches werden der „Deutschen Multiple Sklerose Gesellschaft" gespendet.